Heinrich Preschers

Der Soldat als Zauberer, eine komische Oper in 1 Aufz.

Heinrich Preschers

Der Soldat als Zauberer, eine komische Oper in 1 Aufz.

ISBN/EAN: 9783744703093

Hergestellt in Europa, USA, Kanada, Australien, Japan

Cover: Foto ©Thomas Meinert / pixelio.de

Weitere Bücher finden Sie auf **www.hansebooks.com**

Der

Soldat

als

Zauberer,

eine komische Oper

in einem Aufzuge

aus dem Französischen übersetzt
von F. W. M.

———

Die Musik ist von Hn. Philidor.

Mannheim,
bei C. F. Schwan, Churfürstl. Hof-
buchhäler 1772.

Perſonen.

Hr. Argant, ein Bürger.

Frau Argante, deſſen Ehefrau.

Pierrot, der Bediente.

Hr. Blondineau, ein Advokat.

Ein Soldat.

Ein Gaſtwirth.

Das Theater ſtellt einen kleinen Saal vor, worin ein Kamin, ein Schrank mit zwey Thüren und ein Tiſch mit einem grünen Teppich befindlich, auf welchem man im Brett ſpielet.

Der
Soldat als Zauberer.

$$\text{❧} = \text{❧}$$

Erster Auftritt.

Herr und Frau Argant spielen mit einander im Brett.

Hr. Argant.

Ich sehe nicht mehr recht, wir wollen uns hieher setzen, da ist es etwas heller.

Duett.

Frau Argant.

Vier und fünf.

Hr. Argant.

Nein!
Fünf und vier. Gut!
Zu meinem Glück.
Du must da zurück.
Dieser Wurf geht hieher.

Frau

Der Soldat,

Frau Argant.

Der alte Bär.

Hr. Argant.

Sechs und vier.

Frau Argant.

Um zwey zu viel — —

Hr. Argant.

Schweig still!

Frau Argant.

Vier und sechs macht zehn;
Fünf und sechs — —

Hr. Argant.

Ich schlage hier.

Frau Argant.

Du kanst nicht schlagen.

Hr. Argant.

Zähl' nur mit mir.

Frau

Frau Argant.

Ach welche Plagen!

Hr. Argant.

Du hast gefehlt.

Frau Argant.

Wie er mich quält!

Hr. Argant.

Nun ists vorbey.
Alle zwey,
Marquirt und dann ists aus.

Frau Argant. (steht auf.)

Dank sey dem Himmel!

Hr. Argant.

Wie, du gehst fort?

Frau Argant.

Du sagtest ja, du giengest fort.

Hr. Argant.

Nein, nein, wir spielen noch.

A 3   Frau

Frau Argant.

Ich kann dies Spiel nicht leiden.

Hr. Argant.

Ich spiele stets mit Freuden.

Frau Argant.

Verdammtes Sitzen,
Beym Spiel zu Schwitzen.
Den Kopf sich zu zerbrechen,
Fremde Worte auszusprechen!
Six, cinque,
Der Petit Jean.
Cinquantine,
Tous les quarmes.
Der Teufel hat die Sprach gemacht,
Und dies verdammte Spiel erdacht!

(geht ab.)

Zweyter Auftritt.
Hr. Argant.

Ja, geh nur und fliehe mich auf immer,
du böser Poltergeist! Wie ausgelaffen! Was
sich

sich das Weib heraus nimmt! zuletzt werde
ich noch schweigen müssen! .... Und wenn
man die Madame reden hört, o! Da solt
man meynen, sie wäre so geduldig als ein
Lamm; da habe ich immer Unrecht. — Das
ist zum rasend werden. Ein solches Lamm
in einer Haushaltung ist ärger als ein Wolf.

O treulose Frauen,
Wer mag euch noch trauen!
Ihr wißt so zu heucheln,
Zu plaudern, zu schmeicheln,
Daß auch der klügste Mann,
Den Schlingen, die ihr legt, nicht wohl ent-
gehen kann.
Mit den Mienen, mit den Blicken
Wißt ihr uns zu bestricken.
Bester Freund, andres Ich!
Liebster Schatz, komm küsse mich!
O treulose ꝛc. ꝛc.

Aber man muß nicht so schwach seyn und
nachgeben, sondern den Eigensinn dieses Ge-

A 4   schlechts

schlechts durch Strenge zu bändigen suchen.
Ja, ja, es ist nun einmal beschlossen, ich
will gewiß künftighin ... (er ruft) Pierrot! ...

Pierrot (ohne daß man ihn sieht.)
Was beliebt?

Hr. Argant.
Ich will suchen an einem andern Ort den
Abend angenehmer zuzubringen.

Dritter Auftritt.

Hr. Argant, Pierrot.

Hr. Argant.
Gieb mir meinen Huth und Stock.

Pierrot.
Wollen Sie ausgehen?

Hr.

Hr. Argant.

Meinen Huth und Stock sage ich dir! (Pierrot geht fort.) Es ist nicht länger auszustehen! (Pierrot bringt ihm den Hut und Stock) So ist es recht. Höre, wo ist meine Frau?

Pierrot.

Ihre Frau? ich glaubte, sie wäre bey Ihnen.

Hr. Argant.

Bey mir? da hält sie sich so wenig auf als möglich ist. In ihren Augen bin ich ärger als der Teufel.

Pierrot. (lacht.)

Als der Teufel? Sie machen es aber auch darnach.

Hr. Argant.

Was wilst du damit sagen?

Pierrot.

Aber unter uns gesagt, Ihre Frau verdient doch eine gelindere Begegnung. Sie

A 5 ver-

verfahren zu hart mit ihr. Sie gönnen ihr gar kein Vergnügen, Sie zanken von dem Morgen bis an den Abend mit ihr. Die arme Frau dauret mich! Aber treiben Sie es nicht zu weit und fürchten Sie ihre Verzweiflung.

Hr. Argant.
Wie soll ich das verstehen?

Pierrot.
Hören Sie, mein Herr:

Die geringste Sache,
Reizt ein Weib zur Rache,
Und so listig ist kein Mann,
Daß er ihr entgehen kan.
Hätt' er Argus Augen,
Würden sie nichts taugen.
Sie betrügt ihn doch!
Halt' er stets die Wache,
Argwohn wirkt die Rache,
Dann weit eher noch!

Und

Und der Zwang verführt ein Weib
Zu verbothnem Zeitvertreib.

Hr. Argant.

Du hast wirklich nicht so ganz Unrecht,
und —

Pierrot.

Sie verlassen sich auf die Tugend ihrer
Frau —

Hr. Argant.

Nein, zum Henker, darauf verlasse ich
mich nicht.

Pierrot.

Und dieses macht —

Hr. Argant.

Und dieses macht, daß ich mehr als je=
mals ihre Aufführung beobachten werde.
Höre einmal Pierrot.

Pierrot.

Pierrot.

Mein Herr —

Hr. Argant.

Ich habe allezeit ein gutes Zutrauen zu dir gehabt. —

Pierrot.

O! mein Herr —

Hr. Argant.

Du mußt mir bey dieser Gelegenheit Proben deiner Treue geben.

Pierrot.

O! mein Herr —

Hr. Argant.

Ich werde dich gewiß reichlich dafür belohnen.

Pierrot.

Mein Herr —

Hr.

Hr. Argant.

Gieb auf alle Schritte und Tritte meiner Frau Achtung, und bringe mir eine genaue Nachricht von allem was hier im Hause vorgeht.   Ich gehe aus, vergiß nicht was ich dir gesagt habe, und daß meine Frau ja nichts davon erfährt.

Pierrot (hält ihn auf.)

Mit Ihrer Erlaubnis, mein Herr; eine Frau in Verwahrung zu haben, und noch oben darein ein Geheimniß, das ist nichts Geringes.

Hr. Argant.

Nun dann?

Pierrot.

Ich verspreche nicht, daß ich hiezu im Stande bin.

Hr. Argant.

Und warum nicht?

Pierrot

Pierrot.

Es wird mir immer seyn, als ob ich es sagen müßte.

Hr. Argant. (gibt ihm Geld.)

Hier ist etwas, um dir den Mund zu stopfen. Kann ich mich jetzt auf dich ver-laſſen?

Pierrot.

Ja, mein Herr, das können Sie. Ich werde kein Wort sagen, und wenn mich die schönſte Frau in der Welt darum bäthe.

Hr. Argant.

Nun ich verlaſſe mich darauf ... Nur nichts geplaudert.

Vierter Auftritt.

Pierrot.

Der iſt fort.... (Er ſchüttet das Geld in ſeinen Huth.)

Welch günſtig Geſchicke
Beſchert mir dieſes Glücke!

(Er

(Er zählt sein Geld.)

Eins, zwey, drey, vier, fünf und sechs,
Sieben, acht, neun und zehen.
Das heißt groß denken!
Mir das zu schenken!
Wenn man so mit mir spricht,
Dann widersteh ich nicht.

(Er zählt noch einmal.)

Eins, zwey, drey, vier, fünf;
Hab ich auch recht gezählt?
Mich dünkt ein Thaler fehlt.
Ich wills noch einmal zählen
Eins, zwey, drey, vier, fünf und sechs,
Sieben, acht, neun und zehen,
So ist es recht;
Ja, ja, ganz recht!

Habe ich aber nicht zu viel versprochen? Ha!
Meinetwegen mag es gehen, wie es will,
wenn ich nur meinen Nutzen dabey finde.
Aber was ist denn das vor ein Lermen?
Hoho! Was will denn der Soldat noch so
spät?

Fünf=

Fünfter Auftritt.

Der Soldat und Pierrot.

Der Soldat.

Guten Abend, mein Freund, guten Abend!

Pierrot.

Zu wem will er? .

Der Soldat.

Zu dem Herrn Argant.

Pierrot.

Er ist nicht zu Hause.

Der Soldat.

Zu Hause, oder nicht zu Hause, daran
liegt mir wenig.

Pierrot.

Ich habe Befehl niemand herein zu lassen.

Der Soldat.

Und ich habe Befehl, hier über Nacht zu
bleiben.

Pierrot.

Pierrot.

Hier über Nacht zu bleiben?

Der Soldat.

Ja, nicht anders; und hier ist mein Billet.

Pierrot.

So wart' er nur einen Augenblick, ich will es unserer Frau sagen.

Der Soldat (hält ihn zurück.)

Ist eure Frau schön?

Pierrot.

Was liegt ihm daran?

Der Soldat.

Und das Hausmädchen? . . . . Läßt sie mit sich sprechen? Das mußt du wissen. Komm, schlag ein! wir müssen nähere Bekanntschaft mit einander machen.

B   Pierrot.

Pierrot.

Sehr gern. Ihr scheint mir ein lustiger Kauz zu seyn.

Der Soldat.

Du siehst mir auch einem ehrlichen Kerl gleich.

Pierrot.

O! ich suche jedermann zu dienen.

Der Soldat.

Du thust wohl daran.

Pierrot.

Und besonders den Soldaten, die hab ich gar gern.

Der Soldat.

Das ist ein Zeichen eines guten Geschmacks.

Pierrot.

O! es ist gewiß niemand, der sie mehr liebt und mehr bedauert als ich.

Der

Der Soldat.

Bedauert? Und warum das?

Pierrot.

Warum? weil sie so viel ausstehen müssen.

Der Soldat.

Possen! Ein guter Tag macht alle ausgestandene Mühseligkeiten wieder vergessen.

Wenn ein Soldat,
Durch manche Heldenthat,
Will seinen Muth beweisen,
Dürfen Wunden ihn nicht schrecken;
Selbst nicht der Tod!
Gelaßen mitten in der Schlacht,
Wenn Mann und Pferde
Stürzen zur Erde:
Wenn's um ihn blitzt nnd kracht.
Hellebarden,
Und Petarden,
Bajonetten,
Und Musqueten,

Esta

Esfadronen,

Bataillonen,

Selbst der Bomben schwerer Fall,

Machen ihn nicht zittern.

Nichts kann seinen Muth erschüttern;)

Er tanzt beym Kanonenknall.

Sechster Auftritt.

Der Soldat, Pierrot, Frau Argant.

Frau Argant.

Was will der Soldat hier?

Pierrot.

Er ist hier einquartiert worden.

Frau Argant.

Wo ist denn mein Mann?

Pierrot.

Er ist ausgegangen.

Frau Argant.

Ich nehme niemand auf, wenn mein Mann nicht zu Hause ist.

Der

Der Soldat.

Fürchten Sie nichts Madame; Sie sollen sich nicht über mich zu beklagen haben.

Frau Argant.

Das glaube ich wohl.

Der Soldat.

Es ist nur auf eine einzige Nacht; wir machen in dieser Stadt keinen Rasttag.

Frau Argant.

Wenn es so ist, Pierrot, so führe ihn in die Kammer, die über diesem Zimmer ist.

Der Soldat (zum Pierrot.)

Sage mir doch, ist die Küche weit von meiner Kammer?

Pierrot.

Warum das?

Der Soldat.

Weil ich mich dort gern ein wenig aufhalten möchte.

B 3 **Pierrot.**

Pierrot.

Ach, mein lieber Freund, ich bedaure es.; er kommt gerade zur unrechten Zeit; der Herr ist ausgegangen und wir haben alles aufgezehrt.

Der Soldat.

So kan ich mich dann schlafen legen wann ich will; ich werde mir also den Magen nicht überladen und desto ruhiger schlafen.

Siebenter Auftritt.

Frau Argant.

Mein Mann ist ausgegangen; das ist gut. Jetzt kommt er gewiß nicht vor Anbruch des Tages zurück. Desto besser! Seine Gegenwart ist nicht so angenehm, daß man sich darnach sehnen dürfte. — So geht es, wenn man sich verheyrathet!

Junger

Junger Mädchen einzig Trachten,
Geht dahin, bald Frau zu seyn.
Weil sie sich dann glücklich achten.
Alles nimmt sie dafür ein!
Arme Mädchen! Arme Mädchen!
Es betrieget euch der Schein.

Junger Mädchen einzig Trachten,
Geht dahin, bald Frau zu seyn,
Darnach seufzen, darnach schmachten,
Davon reden sie allein.
Arme Mädchen! arme Mädchen!
Es betrieget euch der Schein.

Achter Auftritt.

Frau Argant, Pierrot.

Frau Argant.

Wo hast du deinen Soldaten hinge=
bracht?

Pierrot.

Ich habe ihn oben in die Kammer, die
über diesem Zimmer ist einquartirt.

Frau

Frau Argant.

Kommt mein Mann zum Nachteſſen?

Pierrot.

Ich weiß es nicht.

Pierrot.

Hat er dir nicht geſagt, wo er hin-
gienge?

Frau Argant.

Nein.

Frau Argant.

Hat er von mir mit dir geſprochen?

Pierrot.

Ja.

Frau Argant.

Und was hat er dir geſagt?

Pierrot.

Er hat mir geſagt — Er hat mir geſagt — alles was er gewollt hat.

Frau

Frau Argant.

Scheint es ihm nicht leid zu seyn, daß er so übel mit mir umgeht?

Pierrot.

Ich wollte mit ihm davon sprechen; aber er bewieß mir so klar und deutlich, daß er Recht habe, daß ich ihm Beyfall geben mußte.

Frau Argant.

Was willst du damit sagen?

Pierrot.

Ja, Beyfall geben mußte. . . . Und deswegen haben wir auch so etwas gewisses mit einander verabredet —

Frau Argant.

Ich glaube du hast Lust mit mir zu scherzen?

B 5   Pierrot.

Pierrot.

Nein, warlich nicht; er hat mir befoh=
len ihm von allem Ihrem Thun und Laſſen
Nachricht zu ertheilen.

Frau Argant.

Du wirſt es aber doch nicht thun? —

Pierrot.

Fürchten Sie nichts. Ich habe es ihm
zwar verſprochen, aber ich bleibe doch immer
als ein getreuer Diener auf Ihrer Seite.
Mich dünkt, ich höre jemand kommen.

Frau Argant.

Das wird der Herr Blondineau, mein
Abvokat, ſeyn. Ja, ja, der iſt es; er hat
ſich bey mir anmelden laſſen, um mit mir
von einigen Geſchäften zu ſprechen.

Pierrot.

Von einigen Geſchäften? . . . Schon
gut! — Von einigen Geſchäften! —

Neun=

Neunter Auftritt.

Hr. Blondineau, Frau Argant, Pierrot.

Hr. Blondineau.

Sie sehen, Madame, daß ich halte, was ich Ihnen bey meinem letzten Besuch versprochen: .... Ich hoffe Sie werden mit meinem Diensteifer zufrieden seyn,

Frau Argant.

Sie sind ein Mann, der sein Wort hält, Herr Blondineau.

Pierrot.

Das ist nichts geringes, von einem Advocaten.

Frau Argant.

Nun was haben Sie mir zu sagen?

Hr. Blondineau.

Die Punkte worüber ich mit Ihnen zu conferiren habe, erfordern — Könnte ich

nicht

nicht die Ehre haben ein Wort mit Ihnen
allein zu sprechen?

Pierrot.
Allein? Was soll das bedeuten?

Frau Argant.
Sie können frey reden, mein Herr.

Pierrot.
Ja, ich habe die Ehre, daß mich die Frau
Argant ihres Vertrauens würdiget.

Hr. Blondineau.
Sie wissen, wie sehr ich mir Ihre Ge-
schäfte angelegen seyn lasse.

Frau Argant.
Ich bin Ihnen dafür verbunden.

Hr. Blondineau.
Ich sehe mit Betrübniß in was für trau-
rige Umstände Sie durch Ihren Mann gera-
then. . . . Verzeihen Sie ——

Frau

Frau Argant.

Ach mein Herr!

Hr. Blondineau.

Ihr Unglück geht mir so sehr zu Herzen. —

Pierrot.

Ein Advocat, der noch Mitleiden fühlt!

Hr. Blondineau.

Ich fürchte unbescheiden zu seyn, wenn ich weiter —

Frau Argant.

Ach! mein Herr, es ist anjetzo ärger als jemals!

Nein, nie werd' ich von meinen Plagen,
Die Hälfte können sagen!
Die Tage bring ich ohne Ruh,
Die Nächte weinend zu.
Ein Nichts macht ihm die Galle steigen;
Kein Tag vergeht, er tobt, er schmält.

Red'

Red' ich zwey Worte, muß ich schweigen
Und red ich nichts, ists auch gefehlt.
Er murret stets, ist eifersüchtig,
Voll Geitz, sehr grob, im Kopf nicht richtig.
Kurzum, man trift bey meinem Mann
Die Fehler aller Männer an.
Nein, nie werd' ich ꝛc. ꝛc.

Hr. Blondineau.

Ach Madame, wie wenig verdienen Sie
diese ungerechte Begegnung. Ich hätte Ihnen noch viel zu sagen. . . . Es ist aber
schon spät, ich will Sie nicht länger aufhalten.

Frau Argant.

Wenn Sie nichts zu versäumen haben,
so essen Sie mit mir zu Nacht.

Pierrot.

Um des Himmelswillen, was wollen Sie
ihm denn vorsetzen? Es ist ja nichts im
Hause.

Frau

Frau Argant.

Geh, und siehe zu, daß du etwas be=
kommst.

Pierrot.

Wart, ich will zu einem Gastwirth ge=
hen, der mein guter Freund ist.

Frau Argant.

Ja, das thue.

Hr. Blondineau (giebt dem Pierrot Geld.)

Hier. . . . Mache deine Sachen gut
und bekümmere dich weiter um nichts.

Frau Argant.

Was machen Sie da mein Herr?

Hr. Blondineau.

Nichts, Madame, nichts.

Zehen=

Zehenter Auftritt.

Blondineau, Frau Argant.

Hr. Blondineau.

In Wahrheit, Madame, je mehr ich dem unanständigen Betragen Ihres Mannes nachdenke, je mehr sehe ich, daß es noch Mittel giebt, Sie davon zu befreyen.

Frau Argant.

Und was könnten das vor Mittel seyn!

Hr. Blondineau.

Die Gesetze geben Ihnen zwey an die Hand. Das erste ist eine gesetzmäßige Ehescheidung.

Frau Argant.

Eine Ehescheidung! Was schlagen Sie mir da für ein Mittel vor?

Hr. Blondineau.

Sie haben recht, das würde nicht hinlänglich seyn und diese Ehescheidung würde

Ih-

ihnen noch mehr Verdruß verursachen, denn er würde doch Ihr Mann bleiben.

Frau Argant.

Sie schweifen aus, Hr. Blondineau, was geben Sie mir da vor einen sonderbaren Rath.

Hr. Blondineau.

Nein, Madame, nein. Man muß sogleich zur Hauptsache schreiten und das Uebel an seiner Quelle angreifen, wenn es auch mit einigen Schwierigkeiten verknüpfet seyn solte. Ich will Ihnen zeigen, daß ich mein Handwerk verstehe, und ich werde allen Schwierigkeiten zu begegnen und sie aus dem Weg zu räumen wissen, davor bin ich Ihnen gut.

Frau Argant.

Und was ist denn nun Ihre Absicht?

Hr. Blondineau.

Sie sollen eine Heyrath thun, die sich besser vor Sie schickt. Lassen Sie mich nur dafür sorgen.

C   Frau

Frau Argant.

Ihr Diensteifer geht ein wenig zu weit.

Hr. Blondineau.

Ach wenn Sie denjenigen kennten, den ich Ihnen vorschlagen will, vielleicht würden Sie andere Gesinnungen annehmen.

Frau Argant.

Um des Himmels Willen, bedenken Sie doch, was das vor ein Aufsehen machen würde. Man würde mit Fingern auf mich deuten.

Hr. Blondineau.

Wenn alle verheyrathete Frauenzimmer wie Sie dächten, so müßten wir arme Advocaten Hungers sterben. Ich bin indessen gar nicht eigennützig, und ich verlange keine andere Belohnung, als daß Sie mir ein kleines Plätzgen in Ihrem Herzen vergönnen möchten.

Frau Argant.

Sie sind sehr galant, Hr. Blondineau.

Hr.

Hr. Blondineau.

Was supplicando ich begehrt,
Das werde endlich mir gewährt!
Läßt sich ihr Herz denn nicht erweichen,
Mir Ihre werthe Hand zu reichen?
Wann, Schönste, wird denn resolvirt:
Wie nachgesucht, so placidirt?

Frau Argant.

Ich resolvire: Wie gebetten, so abge=
schlagen.

Hr. Blondineau.

Das ist übel gesprochen; ich appellire.

Frau Argant.

Wohin? Wer soll denn hierinn der hö=
here Richter seyn?

Hr. Blondineau.

Meine Liebe.

Frau Argant.

Gehen Sie, ihr Richter ist nicht klug,
den nehme ich nicht an.

Hr.

Hr. Blondineau (nimmt sie bey der Hand.)
Sie werden ihn annehmen müssen.

Frau Argant.
Was wollen Sie dann? Hören Sie auf!

Hr. Blondineau.
Diese Hand ist jetzo meine Gefangene.

Frau Argant.
Lassen Sie mich doch los, wenn jemand
herein käme —

Hr. Blondineau.
Was geben Sie mir, wenn ich Sie los
lasse?

Frau Argant.
Sie machen mich fast böse.

Hr. Blondineau.
Mit einem Kuß ist die Sache ausge-
macht.

Frau Argant.
Was sind Sie doch vor ein ausschwei-
fender Mensch!   Hr.

Hr. Blondineau (indem er sie küßt.)
Nun dann, das ist einsweilen auf Ab-
schlag, bis das Endurtheil ergehen wird.

Frau Argant.	Hr. Blondineau.
Ach laſſen Sie mich ge= hen!	Wer kan die Reize ſe= hen —
Wie? wie mein Herr!	Was fürchten Sie?
	Ich weiß es schon zu ma= chen,
	Daß ich von Ihrem Mann Sie glücklich treunen kann.
Wen, mich?	Ja Sie!
Das ist zum lachen.	
	Nein, nein:
	Die Sach' ist nicht ſo schwer
	Es geht leicht an.
Gut, gut, Herr Blon= dineau, Sie wollen scherzen.	Nur Sie allein, Madam, lieb ich von Herzen.

Frau

Frau Argant.

Ihr Glück?

Mein Herr, ich glaube gar Sie sind im Kopf verückt

Sie wissen, daß dies Band sich nicht läßt tren= nen.

Nichts kan es trennen!

Hr. Blondineau.

Ich rede mit Bedacht; Es wird durch Ihre Hand mein größtes Glück ge= macht.

Die Liebe will es selbst, die Ihnen Mittel schickt.

Warum kan es nicht seyn?

Ich werd es können.

Frau Argant.

Schweigen sie still, Pierrot kommt. Es wäre mir nicht lieb, wenn er ein Zeuge Ih= rer Thorheiten wäre.

Eilf=

Eilfter Auftritt.

Hr. Blondineau, Frau Argant, Pierrot.
Ein Gaſtwirt und ſein Junge
bringen Speiſen in Körben.

Pierrot.
Hier iſt das Nachteſſen; befehlen Sie,
daß man den Tiſch decken ſoll?

Frau Argant.
Das kanſt du thun.

Pierrot.
Luſtig, rücket dieſen Tiſch herbey und
helfet mir aufdecken.

Frau Argant.
Was haſt du uns denn zu eſſen beſtellt?

Pierrot.
Nichts, ich habe eben genommen, was
ich gefunden habe.

C 4   Frau

Frau Argant.

Es kommt mir fast so vor.

Der Gastwirth.

Madame, Sie werden damit zufrieden seyn.

Hr. Blondineau.

Schon gut, schon gut.

Pierrot.

Nun, geht nur, geht, daß ich die Thüre zuschliessen kann.

Zwölfter Auftritt.

Frau Argant, Hr. Blondineau, Pierrot.

Frau Argant.

Mein Herr, ohne Complimenten, setzen sie sich.

Hr. Blondineau.

Wenn sie sich gesetzt haben.   Ich weiß meine Schuldigkeit.   Frau

Frau Argant (setzt sich.)
Wenn sie es dann so haben wollen —

Hr. Blondineau.
Diesen Tag werde ich unter die glückse-
ligsten meines Lebens zählen, da ich das be-
zaubernde Vergnügen habe, mit Ihnen zu
speisen.

Frau Argant.
Legen sie doch diesen verliebten Ton ab,
ich bitte Sie.

Hr. Blondineau.
Wenn Sie das wollen, so lassen sie mich
auch ihre Augen nicht sehen, die mich ganz
in Feuer und Flammen setzen. —

Hr. Argant (klopft an der Hausthüre.)

Pierrot.
Stille! ich glaube, man klopft.

C 5   Frau

Frau Argant.

Mich deucht es auch.

Pierrot.

Es klopft an unserm Haus. Ich will
zusehen, wer es ist.

Hr. Blondineau.

Das ist ein verdrießlicher Zufall.

Pierrot.	Hr. Blondineau.	Frau Argant
Ach! —		
Ach was fang ich an?	Was ist es dann?	Was ist es dann?
Es ist Ihr Mann.		Mein Mann?
	Ihr Mann?	
	Ich bin verrathen!	
(zu Fr. Argant) Soll er herein?		Nein, nein.
	Wohin?	
	Ins Cabinet?	

Pierrot.

Pierrot.	Hr. Blondineau.	Fr. Argant.
		Kommt er ins Haus,
Ists mit uns aus		Ists mit uns aus
	Ists mit mir aus	Er klopft noch stärker an.
Ach ich bin todt!	Ach ich bin todt!	

Hr. Blondineau.
Was ist nun anzufangen?

Frau Argant.
Was Raths, Pierrot?

Hr. Blondineau.
Gerechter Himmel!

Pierrot.
Nur Geduld — still —

Hr. Blondineau.
Nun, was ist denn dein Rath?

Pierrot.

Pierrot.

Mir fällt ein ——

Frau Argant.

Nun denn, geschwind damit heraus.

Hr. Blondineau.

Wenn es möglich wäre ——.

Pierrot.

Ja, das ist es, jetzt bin ich darauf (zu Frau Argant) Machen sie geschwind diesen Schenktisch auf —— Und sie mein Herr, nehmen sie diese Schüssel, diese Teller ——

Hr. Blondineau.

Und was soll ich damit machen?

Pierrot.

Geschwind, geschwind, schliessen sie alles ein.

Hr. Blondineau.

Wohin denn, wohin?

Pierrot.

Pierrot.

In diesen Schenktisch.

Hr. Blondineau.

Und wo soll ich hin?

Pierrot.

Sie? In den Kamin.

Hr. Blondineau.

Aber, aber —

Pierrot.

Aber — aber befürchten sie vielleicht, sie würden sich schwarz machen?

Frau Argant.

Ach mein Herr —

Pierrot.

Nun, so machen sie dann fort. Wollen sie vielleicht zuvor eine Consultation darüber einholen?

Hr.

Hr. Blondineau (verkriecht sich in den
Kamin.)
Ach, ich muß mir alles gefallen lassen.

Pierrot.

Regen sie sich nicht. — Sie Madame,
nehmen ein Buch in die Hand und setzen sich
hieher.

Frau Argant.

Was werde ich ihm antworten — der
Eifersüchtige — wie unglücklich bin ich!

Dreyzehnter Auftritt.

Hr. Argant, Fr. Argant, Pierrot.

Hr. Argant.

Sag an, du Schurk, denkst du vielleicht
Mit deinem Herren Scherz zu treiben?
Sollt ich da vor dem Hause bleiben?
Warum wars zu, warum?
So rede, bist du stumm?
Geh, komm mir nicht vor mein Gesicht!

Und

Und sie, Madam, kam es ihr lustig vor,
Daß ich dort fast erfror?
Wer schloß so früh das Thor?
Sie schweigen alle beyde
O die verwünschten Leute!
Ein Weib, und Diener so wie du,
Sind Feinde unsrer Ruh.

(zu Pierrot.)
Wirst du einmal reden?

Pierrot.

Wir haben —

Frau Argant.

Wir haben —

Hr. Argant.

Wir haben — wir haben — nun weiter.

Pierrot.

Wir haben sie nicht klopfen gehört —
Ich konnte den Hausschlüssel nicht fihden —
und die Eilfertigkeit — um ihnen zu —
                                    Hr.

Hr. Argant.

Ta — ta — ta — das sind schöne Entschuldigungen.

Pierrot.

Ueberdieß las Madame eine Stelle aus einem so schönen Buche vor, daß mir Hören und Sehen vergieng.

Hr. Argant.

Hem! was sagst du?

Pierrot.

Ja mein Herr, aus dem Buch da.

Frau Argant.

Ja mein lieber Mann.

Hr. Argant.

Und wie steht es mit meinem Nachteßen?

Frau Argant.

Sie haben uns ja nicht gesagt, daß sie zum Nachteßen kommen würden, wir haben also nicht auf sie gewartet. **Pierrot.**

Pierrot.

Die Madame und ich haben ein jedes einen gebratenen Apfel gegessen. (beyseit) Ietzt ist er vor sein Mißtrauen schon gestraft.

Hr. Argant (beyseit zu Pierrot.).

Ist während meiner Abwesenheit niemand hierher gekommen?

Pierrot.

Nein mein Herr, ausser ein Soldat, der durch ein Billet bey uns ist einquartiret worden.

Hr. Argant.

Wie? was ist das vor ein Soldat?

Pierrot.

Es ist — ein — Soldat — der ein Soldat ist.

D Vier=

Vierzehnter Auftritt.

Hr. und Frau Argant, Pierrot und der
Soldat.

Der Soldat.

Guten Abend, Herr Wirth, guten Abend!

Hr. Argant.

Das ist also der Soldat?

Der Soldat.

Wenn ich Ihnen einige Ungelegenheit
verursachen sollte, so bitte ich um Vergebung;
es ist nicht meine Schuld.

Hr. Argant.

Es hat nichts zu bedeuten; er macht mir
keine Ungelegenheit.

Der Soldat.

Das bin ich auch nicht Willens; hier ist
mein Billet.

Hr.

Hr. Argant.

Schon gut; hat man ihm eine Kammer angewiesen?

Der Soldat.

Ja, mein Herr.

Hr. Argant.

Nun so lege er sich schlafen. Gute Nacht.

Der Soldat.

Ich habe schon eine Zeitlang im Bett gelegen, allein ich kan nicht schlafen.

Hr. Argant.

Warum nicht?

Der Soldat.

Ich bin hungrig; ich habe nichts zu Nacht gegessen.

Hr. Argant.

Ich kan ihm nicht helfen, mein Freund! Ich muß mich selbst hungrig zu Bette legen.

Der

Der Soldat.

Das werde ich nicht zugeben. Zur Dank‐
barkeit für den freundlichen Empfang, will
ich Ihnen zeigen was ich kan.

Hr. Argant.

Ich glaube er will einen Spaß machen.

Der Soldat.

Nein, nein; bey meiner Seele! Ich scher‐
ze nicht. Ihnen kan ich es wohl im Ver‐
trauen sagen, ich verstehe mich ein wenig auf
die Hexerey — ich, wie Sie mich da sehen.

Hr. Argant.

Auf die Hexerey?

Der Soldat.

Ich offenbare es nicht jedermann; aber
Ihr höfliches Betragen hat mich ganz für
Sie eingenommen, und ich will Sie nun
durchaus heut Abend tractiren.

Hr. Argant.

Mich?

Der

Der Soldat.

Ja, Sie und Ihre Frau Liebste und wir wollen recht lustig dabey seyn.

Hr. Argant.

Wo will er es denn hernehmen?

Der Soldat.

Das sollen Sie gleich sehen. Erst muß ich sehen, wo der Sonnen Aufgang ist, (Er macht mit seinem Säbel einen Kreis.) Daß mir ja niemand zu nahe kommt. (Er stellt sich mitten in den Kreis.) Gattem tut- zeck hircoglam!

Hr. Argant.

Ist es vorbey?

Der Soldat.

Kein Wort geredet.

Ihr die ihr Proserpinens Tafel versetzt,
Keller, Koche und der die Braten dreht.
Erschreckt vor meiner Stimm, die eure Ar-
beit störet
Und höret!   Geister

Geister aus der ewigen Nacht,
Ihr kennt alle meine Macht!
Kommt herbey und eilet zu erfüllen
Meinen Willen.

Bringt Essen her, daß ich kan stillen
Den Hunger der mich plagt.
Schaft unsichtbar in diesen Schrank hinein
Was mir dazu wird nöthig seyn.

Einen Teller mit Schinken,
Einen guten Sallat,
Zwey Hüner, eine Tarte
Und etwas gutes dabey zu trinken.
Zuletzt soll auch Champagner Wein
Wie auch Confect zum Nachttisch seyn.
Ist das genug?

(Argant und seine Frau antworten durch Zeichen mit Ja.)

Es ist genug!
Geister, gehorchet!
Macht auff! macht auf!
Die That wird euch jetzt zeigen
Daß ohne Verweilen
Die Geister eilen

Mei-

Meinen Willen
Zu erfüllen
Macht auf! Macht auf!
Die That wird es euch zeigen.

Pierrot.

Ich getrau mich nicht.

Hr. Argant.

Und ich eben so wenig.

Der Soldat.

Geh hin und mach auf!

Pierrot.

Ich wäre des Todes.

Der Soldat.

So mach denn auf; es wird ja sonst
alles kalt.

Frau Argant.

Ich weiß nicht, was ich davon denken soll.

Pierrot (zum Soldaten.)

Mach er lieber selbst auf.

Der

Der Soldat (indem er den Schrank aufschließt.)
Was braucht es da viel Umstände.

Hr. Argant.
O Himmel!

Frau Argant.
Ich bin ganz erstaunt!

Der Soldat.
Wir wollen essen, weil es warm ist.

Frau Argant.
Das ist mehr als Spaß.

Der Soldat.
Was halten wir uns lange auf; wir wollen uns zu Tische setzen und vor allen Dingen einmal trinken.

Pierrot (zu Frau Argant.)
Entweder ist der Kerl ein Hexenmeister, oder er weiß unser Geheimniß.

Der Soldat (zu Frau Argant.)
Besorgen Sie nichts; ich bin nicht willens Ihnen Verdruß zu machen. Geschwind, Pierrot,

Pierrot, decke den Tisch, ich will dir helfen.
(Pierrot und der Soldat decken den Tisch.)

Hr. Argant (zu seiner Frau.)

Wir wollen von diesem Essen nichts an=
rühren.

Der Soldat.

Setzen Sie sich; es ist alles fertig —
Nun dann, fürchten Sie sich etwa? Ich
will Ihnen mit gutem Exempel vorgehen.
(Er setzt sich.)

Frau Argant (setzt sich auch.)

Ich fange wieder an Muth zu bekommen.

Hr. Argant (will sie zurück halten.)

O Himmel! ist es möglich! du wilst
dich setzen?

Der Soldat.

Ihre Frau wird nicht davon sterben, so
wenig als Sie. Folgen Sie ihrem Bey=
spiel.

Hr. Argant (setzt sich.)

Meinetwegen; aber ich esse gewiß nichts.

D 5   Sol=

Soldat.	Hr. Argant.
So schneidet dann.	Ich rühr' nichts an.
Nehmt Ihr das Schin- kenbein.	Nein, nein, nein, nein.
	(zum Pierrot.)
So esset dann !	Nun, Vielfraß, pack doch an!
Greift dann nur an!	
	Ich mag nicht; nein !
Versuchen wir den Wein. Pierrot schenkt ein !	
Eßt ihr von dem Gericht, Ein wenig von der Tarte	Mich hungert nicht.
	Das heißt vermessen Ewas zu essen Was aus des Teufels Küch herrühret.
Es leb' der brave Geist, der uns so gut tractiret! (zu Hr. Argant.) Ihr wolt allein Nicht lustig seyn.	Nein, nein, nein, nein.

Frau Argant.	Pierrot.
Der feige Mann!	Mir ſtunds ſchon an,
	Mir ſtehts ſchon an,
	Ich mach mich dran!
Der feige Mann,	
Ich geb mich dran!	
	Ja, ich ſchenk ein,
Schenk mir nur ein.	
Ein Stück von dieſem Huhn	
Es leb' der braveGeiſt, der	Es leb' der braveGeiſt, der
uns ſo gut tractiret,	uns ſo gut tractiret!
So eſſet dann!	
Der Streich iſt fein!	Kan man beym Wein
	Wohl furchtſam ſeyn?

Der Soldat.

Iſt es nicht gut, wenn man überall Freunde hat. Wir hätten nicht ſo gut zu Nacht
gegeſſen, wenn uns der Teufel nicht dazu
behülflich geweſen wäre.

Hr. Argant.

Wie? Sollte uns in Ernſt der Teufel
dies Nachteſſen gebracht haben?

Der Soldat.

Sie zweifeln noch daran? Ich wette, daß
Ihre Frau es ehender glaubt als Sie?

Frau Argant.

O! Red' er mir nicht davon; es wird
mir ſonſt ſo bange.

Der Soldat.

Dieſer Teufel iſt nicht ſo böſe. Wenn
Sie wüßten Hr. Argant, was er für Freund-
ſchaft für Ihre Frau hat . . . und für Sie
auch, Sie würden ſich darüber wundern.

Hr.

Hr. Argant.

Ich danke ihm dafür.

Der Soldat.

Ich hätte grosse Lust Sie diesen Teufel sehen zu lassen.

Frau Argant.

Um alles in der Welt, das thu' er ja nicht.

Der Soldat.

Wie, Sie möchten den nicht einmal sehen, der uns so gut bewirthet hat?

Pierrot (bey Seite.)

Das wäre doch gar der Teufel!

Frau Argant.

Nein, nein; ich mag ihn nicht sehen.

Hr. Argant.

Herr Zauberer, verschone er mich mit dieser Erscheinung.

Der

Der Soldat (steht auf.)

Es kan aber nicht anders seyn; das, was er für uns gethan hat, verdient wohl einen Dank.

Frau Argant (zu Pierrot.)

Wir sind verrathen, Pierrot. Verwünschter Soldat!

Der Soldat,

Nur alle Thüren aufgemacht; er wird ganz still fortgehen. Vor allen Dingen muß ihn niemand aufhalten, oder ich stehe vor nichts.

Pierrot (macht die Thüren auf.)

O! wenn es sonst nichts ist —

Der Soldat.

Unter welcher Gestalt soll er erscheinen?

Hr. Argant.

Ich habe ihm ja schon gesagt; daß ich ihn nicht sehen will.

Frau

Frau Argant.

Ich mag ihn nicht sehen.

Der Soldat.

Gutthätiges Gespenst, das unsern Anblick flieht,
Und alles was wir thun doch deutlich hört
und sieht;
Wenn du befreyt willst seyn, so höre
Was ich dir sage, und verehre
Jetzt meine unumschränkte Macht!
Verlaß den Ort wohin du dich versteckt
Doch daß dein Anblick der sonst schreckt,
Für uns nichts Fürchterliches hat,
So zeig' dich als ein Advokat.
Erscheine uns in solcher Tracht,
Und stürz dich in die ewige Nacht!

(Der Advokat kommt aus dem Kamin hervor
und läuft davon.)

Hr. Argant (erschrocken fällt in Lehnstuhl)

Ach! ich bin des Todes! Ich hab ihn ge-
sehen. .... Was er vor ein fürchterliches
Gesicht machte. ... Pierrot — Mein
Herr.

Herr. . . . Ach! um des Himmels willen,
meine Freunde, kommt mir zu Hülfe.

Der Soldat (zu Frau Argant)
Merken Sie jetzt meine Absicht?

Frau Argant.
Ja, ich errathe sie.

Hr. Argant.
Meine liebe Frau!

Frau Argant (wirft sich auch in einen Sessel und stellt sich als ob sie erschrocken wäre.)
Ach ich werde ganz ohnmächtig.

Pierrot.
Zu Hülfe, mein Herr!

Hr. Argant.
Meine beste Frau!

Frau Argant.
Ach, ich sterbe vor Schrecken!

Hr.

Hr. Argant (wirft ſich wieder in den Stuhl.)

Haſt du ſeine Geſtalt recht genau be-
trachtet?

Frau Argant.

Seine Geſtalt?

Hr. Argant.

Haſt du nicht geſehen, was er für einen
abſcheulichen Kopf hatte, und wie ihm das
Feuer aus den Augen ſpritzte?

Frau Argant.

Das Feuer?

Pierrot und der Soldat (lachend.)

Das Feuer?

Hr. Argant.

Es iſt mir immer, als ob ich ihn noch
ſähe.

Pierrot und der Soldat (lachend.)

Als ob er ihn noch ſähe.

E   Der

Der Soldat.

Fürchten sie nichts; er kommt nicht wieder.

Funfzehenter Auftritt.

Die Vorigen, der Gastwirt.

Pierrot (indem er den Gastwirt herein treten sieht.)

Zum Henker auch, da ist er ja schon wieder!

Hr. Argant.

Wer? Was? Wie?

Pierrot (bey Seite.)

Das ist ein verdammter Streich . . . .
(zu Frau Argant) Der Gastwirt.

Fr. Argant.

Hast du ihn denn nicht bezahlt?

Pierrot.

Pierrot.

Der Teufel! Das habe ich in der Eil vergeſſen.

Der Gaſtwirt. (zum Hr Argant.)

Mein Herr . . .

Der Soldat (bey Seite)

Das habe ich nicht vorhergeſehen.

Hr. Argant.

Was wollt ihr?

Der Gaſtwirt.

Ich habe fragen wollen, ob Sie zufrieden ſind.

Hr. Argant.

Womit?

Der Gaſtwirt.

Mit dem Nachteſſen.

Hr. Argant.

Was wollt ihr damit ſagen?

E 2   Der

Der Gaſtwirt.

Das will ſo viel ſagen, daß ich mich er⸗
kundigen wollen, ob Sie mit dem Nachteſ⸗
ſen zufrieden ſind. Ich will zu gleicher Zeit
meine Schüſſeln und Teller zurück nehmen
und Ihnen die Rechnung überreichen.

Hr. Argant (zum Soldaten.)

Herr Zauberer, ... Herr Zauberer. —

Der Soldat.

Ich verſtehe es wohl. — Die Rech⸗
nung ... (bey Seite) da bin ich ertappt!

Hr. Argant.

Er ſagte ja, daß es der Teufel wäre.

Der Soldat.

Allerdings und hier ſehen wir die augen⸗
ſcheinliche Probe davon.

Pierrot.

Pierrot. (bey Seite)

Der Teufel würde mir nicht mehr Furcht verursachen, als der Kerl da.

Frau Argant (zum Soldaten.)

Wie werden wir uns heraus helfen!

Der Soldat (zu Herrn Argant,)

Ich habe Ihnen zwar ein Nachteſſen verſchaft; ich habe aber nicht dabey geſagt, daß es Sie nichts koſten ſollte.

Der Gaſtwirt.

Das wäre auch unbillig, mein Herr; ſehen ſie hier die Rechnung.

Hr. Argant (tritt zurück.)

Kommt mir nicht zu nahe.

Der Gaſtwirt.

Nun ſo will ich ſie Ihnen den vorleſen.

Der

Der Gaſtwirt.	Hr. Argant.
Für einen Teller mit Schinken.	
Zwey und dreyſig Kreuzer.	
Für zwey Hühner in der Brühe.	
Ein Gulden vier Kreuzer.	Ich weiß gar nicht,
Für den Salat	Wovon er ſpricht.
Zwanzig Kreuzer.	Zu viel . . .
Item, für eine Tarte,	
Samt Auslag und Arbeit	
Drey Gulden.	Drey Gulden eine Tarte!
Item ein Maaß Wein	
Einen Gulden.	
Für den Deſſert . . .	
Fünf Gulden.	Das iſt zu theuer.
Mein Herr es iſt nach dem Gewiſſen.	Das iſt zu viel begehrt. So viel war es nicht wehrt
Es iſt nach dem Gewiſſen.	Der Teufel ein Gewiſſen!
Was ſoll der Spaß denn heiſſen.	Wo hat man das gehört!
Mit leeren Worten iſt mir nicht gedient.	
Bezahlt mich.	Nein, ich nicht!
Bezahlt mich und zieht mich nicht lang herum.	Nein ich bin nicht ſo dum.

Fr. Argant u. Pierrot.	Der Soldat.
Wie stehts Herr Zauberer Was ist anjetzt zu machen.	Hierſſind die Mittel ſchwer Das ſind verdamte Sachen
Wie komt der Kerl daher?	

Pierrot.

Nein das war es nicht wehrt.	
Ein Gaſtwirt hat auch keins.	
Bezahlt ihn, traut ihm nicht.	Bezahlt ihn, traut ihm nicht.
Er dreht den Hals euch um.	Er dreht den Hals euch um.

Hr. Argant.

Was braucht es da lange Redens, werft den Kerl zur Thür hinaus.

Pierrot.

Wenn es aber der Teufel ist.

Hr. Argant.

Ba! ba! Da lasse ich mir nichts weißmachen.

Pierrot.

Gedult, wir wollen noch ein wenig warten. (zu dem Soldat und zu Frau Argant.) Wir müssen sehen, wie wir uns aus dem Handel heraus wickeln.

Der Gastwirt.

Halten Sie mich nicht länger auf, mein Herr; es ist schon spät. Es schickt sich gar nicht —

Pierrot. (hizig.)

Wilst du wol gehen!

Der

Der Gaſtwirt.

Nein, Geld will ich.

Pierrot.

Wilſt du gehen? Frage ich dich noch einmal!
(Er greift den Gaſtwirt an, und thut als ob
er ſich verbrennt habe) Au! au! ich habe
meine Hände verbrennt!

Der Gaſtwirt.

Die Leute ſind hier alle närriſch im Hauſe.

Pierrot.

Meine Herren, der kürzeſte Weg wird
wohl ſeyn, daß wir ihn bezahlen.

Hr. Argant.

Ich? Ihn bezahlen? Warum? Für was?

Der Gaſtwirt.

Iſt es nicht eine Schande, ſo einem ar-
men Teufel als ich bin, das Geld vorzuenthal-
ten, der beſtändig Feuer und Hitze ertragen muß.

E 5   Frau

Frau Argant.

Da hören Sie es jetzt.

Der Soldat.

Ich habe es Ihnen ja gleich gesagt, daß es ein Teufel sey.

Hr. Argant.

Und was soll ich denn thun um seiner los zu werden?

Der Soldat.

Geben Sie ihm, was er begehrt, so wird er seines Weges gehen.

Hr. Argant.

So will ich denn nur gehen und Geld holen.

Der Gastwirt.

Soll ich mit Ihnen gehen?

Hr. Argant.

Nein, nein; Herr Soldat, behalte er ihn doch hier bey sich, ich bitte ihn darum.

Der

Der Soldat (zum Gaſtwirt.)

Wenn du dich nur von der Stelle re-
geſt —

Der Gaſtwirt.

Nein, mein Herr, nein.

Pierrot (zum Hr. Argant.)

Sehen Sie, wie der Zauberer ihn im
Zaum halten kan.

(Hr. Argant geht ab.)

Der Soldat (zu Pierrot.)

Jetzt bezahle dieſen Mann geſchwind, damit er fortkommt.

Pierrot.

Bezahlen? Womit?

Der Soldat.

Was für eine Frage! Mit dem Geld,
das dir der Advokat gegeben hat.

Frau Argant.

Wie? Du liederlicher Schurk.

Pierrot.

Pierrot.

Ich glaube wahrhaftig der Kerl kan im Ernst hexen. (Er bezahlt den Gastwirt.)

Der Gastwirt.

Ich danke; schlafen Sie wohl beysammen. (Er geht lachend ab.)

Sechszehnter Auftritt.

Hr. und Frau Argant, Pierrot und der Soldat.

Der Soldat.

Nun, Madame, sind Sie jetzt zufrieden?

Frau Argant.

Vollkommen. Aber durch welchen Zufall hat er denn unser ganzes Geheimniß er= fahren?

Der Soldat.

Ich habe oben in meiner Kammer alles gesehen.

Frau

Frau Argant.

In seiner Cammer?

Der Soldat.

Ja, durch die kleine Oefnung dort oben
an der Decke.

Pierrot.

Das ist bey meiner Treu wahr; wir
haben vergessen dieses Loch zumachen zu
lassen.

Hr. Argant (kommt mit dem Geld.)

Da habt ihr euer Geld. — Wo ist er
denn hingekommen?

Der Soldat.

Vermöge der Gewalt, die ich besitze, habe ich ihn fortgeschaft.

Hr. Argant.

O mein lieber Freund, er kan nicht glau-
ben, was er mir da für einen Dienst erzeigt
hat

hat — da er aber so viel Gewalt über die bösen Geister hat, könnte er mich von dem Satan nicht befreyen, der mich täglich plagt, und mich fast rasend macht?

Der Soldat.
Von welchem?

Hr. Argant.
Von meiner Frau.

Frau Argant.
Ich hätte auch wohl Ursache ihn um eine Gefälligkeit in Ansehung meines Mannes zu bitten; allein ich weiß zum voraus, daß alle seine Kunst nicht hinreichet, einen liebenswürdigen Mann aus ihm zu machen.

Der Soldat.
Die Sache ist auf beyden Seiten so unmöglich nicht. Es liegt nur an euch beyden. Hier ist mein Mittel (zu der Frau.) Sie, seyn Sie Ihrem Mann getreuer, so

wird

wird er weniger eiferſüchtig ſeyn (zum Mann.)
Sie, ſeyn Sie nicht ſo mürriſch, karg und
ſtrenge, ſo wird Ihre Frau Ihnen keine Ur⸗
ſache zum Mißvergnügen geben.

Frau Argant (leiſe zum Soldaten.)
Wenn er nicht hexen kan, ſo kan er doch
wenigſtens einen guten Rath ertheilen, und …
(laut) ich will ſeinem Rath von ganzen Her⸗
zen folgen.

Hr. Argant.
Und ich meiner Seits auch, ich verſpre⸗
che es ihm.

Der Soldat.
Es müſſen alſo von beyden Seiten alle
Feindſeligkeiten vergeſſen werden. Umarmen
Sie ſich, und laſſen Sie uns luſtig ſeyn.

Alle.
Es werd' die Liebe wieder neu!
Hr. u. Fr. Argant. ⎛Ich ſchwör⎞ von neuem
Der Sold. u. Pierr. ⎝Schwört euch⎠ wieder Treu!

.Hr.

Der Soldat,

Hr. und Frau Argant.
Wir beyde schwören uns die Treu!

Pierrot und der Soldat.
Ja schwört euch beyde ew'ge Treu!

Der Soldat (zu Hr. Argant.)
Ihr müßt gesellig,
Und nicht so mürrisch seyn!

(Zu Frau Argant.)

Seyd mehr gefällig,
Liebt euren Mann allein!

Hr. und Frau Argant.
Ja, ja, es bleibt dabey.

Alle.
Es werd' die Liebe wieder neu!

www.ingramcontent.com/pod-product-compliance
Lightning Source LLC
Chambersburg PA
CBHW031456270326
41930CB00007B/1027